JN439956

목마르다

목마르다

초판 1쇄 인쇄 | 2019년 11월 25일
지은이 | 김용기
펴낸이 | 이승훈
펴낸곳 | 해드림출판사
주 소 | 서울 영등포구 경인로82길 3-4(문래동1가 39)
센터플러스빌딩 1004호(우편 07371)
전 화 | 02-2612-5552
팩 스 | 02-2688-5568
E-mail | jlee5059@hanmail.net

등록번호 제2013-000076
등록일자 2008년 9월 29일

ISBN 979-11-5634-379-0

김용기 시집

목마르다

해드림출판사

시인의 말

가문 논바닥처럼
갈라졌을 때
마음에 감사가 들어올 수 있었던 것은
내 안 80%를 아내가 점령하고 있었기 때문
우여곡절을 뒤로하고
벼슬 없는 시 몇을 불러 모아
기념으로 엮었다
세중 범중 순신의 사랑이 담겼다

그날 내가 옷자락을 잡았을 때 그분은
내 손을 잡아주었다
두 번째 삶에 대하여
모든 게 감사다
시는 고백이다.

2019. 10. 16
김용기

목차

2부 그를 인정하라

3부 목성은 왜 먼가

4부 사소한 관찰

제1부

그때가 지금이다

실연失戀

생각하고
수없이 망설이다가
겸연쩍은 목소리를 꺼냈는데
어디를 보고 있나

늦은 저녁
어린 왕자의 B216이 스쳐 지나가고
잠에서 깬 달이
느린 구름으로 밤을 지워갈 때
상한가 주식처럼
가파르게 뛰던 가슴이
속도가 준 이유를 목울대가 알아냈다
꼴깍꼴깍
사연이 얽히거나
돈 꿔달라는 얘기는 없었는데
왜 눈이 도망 다니는지
서운함이야 이미
플러그 빠진 냉장고 안 아이스크림같이
근본도 없는 처지가 돼 버렸는데

작은 단추로 감춘 가슴 한쪽
못다 한 말들이 꼬이고 엉켜
X-RAY에 찍힌 차가운 줄 하나 선명하다
너무 선명하다.

마음 주기

낑낑거리는 상전上典
반나절이 후딱
노환, 우리 집 개가 늙었다
뛰는 법이 없다
아침 점심 밥 먹는 것도 건성
두어 배 낳은 새끼들 모두 여의고
먼 산 바라다보는 날들이 잦다
그리움
독심술처럼 알아챘다
궂은날은 서로 무관심한 척, 약속했는데
심드렁하여
들어가지도 않는 두 눈에
꾸깃꾸깃 마음을 넣어 주었다
"알았다, 다음 장에 나가보자"
그 녀석 벌떡 일어났다.

귀

귀 없는 달팽이는
낯선 소리
움찔하여
얼른 제집 숨는데
숨어서 한동안 눈치를 살피는데

귀 있고
눈 달리고
내뺄 다리도 성한 저 니
한두 사람도 아니고
저 많은 발자국 소리를
못 들었다니
저 니에게 두려운 게 뭘까

귀 없는 달팽아
네가 봐도 답답하지.

난처함에 대하여

살면서 싸아,
아픈 배를 움켜쥐고
배배 꼬인 다리를
공중화장실 앞에서 급한 헛기침 한 번
해보지 않은 사람이라면
미처 지우지 않은
첫사랑의 전화를 받고 허둥거리던
신혼 시절이 한 번도 없는 사람이라면
TV 연속극을 보며 몰래 눈물 감추느라
쩔쩔맨 적은 있으리라
남의 돈 제때 갚지 못하여
아이를 세워놓고 굽신거려야 했던 그 날이
살면서 한 번쯤 있었으리라

가끔 크기별로 부상浮上했다가
굵은 헛기침 두어 번 해야
잠수함처럼 가라앉는 난처함이
나이와 함께 서 있는 지금
그저 웃는다.

심지

볼품없어서 멸시당하고
하찮은 것
갈 곳도 없으면서
주제 모르고 곧아야 한다니
촛대 가운데
긴 무명 심지의 고집
알겠네
사는 날 끝나도 겨우 까만 재 한 점
초 가운데 들어앉은 노심초사
삐딱하면 어깨가 처지고
뭉치면 어둡고
가늘면 흔들려도
어두워지니 알겠네
바람이 흔들어도 꺼지지 않으려고
제 몸 아끼지 않는 안간힘
저렇게 생겼어도
애지중지
양초가 가운데만 섬기는 까닭.

애별리고*愛別離苦

첫 물음에
주르르

가사袈裟에 털목도리는
아무리 생각을 바꿔도
비구니가 아닌 수줍은 아가씨였다
차가운 선방禪房, 뭉뚝뭉뚝
삭도에 잘린 머리카락에
무엇을 담아 버렸을까
차마 꺼내지 못한
세속의 미련하나
빈대처럼 숨은 애절이 맹렬하다
청암사 여승의 두 눈 깊은 호수가
넘실거렸다

느린
흰 고무신이 뒤돌아설 때
사바세계에 남겼던 마지막 눈물 한 방울
욱여넣는 어깨가 흔들렸다

걸음마다 무겁게 담긴
고통
아, 그 궁금함이여.

* 사랑하는 사람과 생이별하는 고통

자동이체

묽은 쇠똥 조절 안 되는 것처럼
월말이면 포악해지는 달력
멀어도 먹이를 알아채는
맹수의 본능이 있다

내게 먹잇감의 냄새가 없는 걸 알고
거들떠보지 않는 무시
휴대전화 주변만 어슬렁어슬렁
주머니에 있거나
손에 들렸거나
때 되면 어디에 있든 달려들어 낚아채 가는
굶주린 맹수
또박또박
25일 월급날을 기억해 내고
나보다 먼저 챙겨가는 신속함은
절박함 혹은 냉혹함

굶주렸거나
배부르거나

내 월급은 맛있는 먹잇감
먹을 만큼만 물고 가는 맹수의 특징은 있다
순식간의 반 토막에 꿈틀거리는 예금통장
붙잡을 수 없을 만큼 빠르다

날카로운 송곳니에
휴대전화 고장 난 적은 없지만
예민한 월말이면
번뜩이는 청원경찰의 눈으로 지켜보는
내게 자동이체는 사나운 맹수다.

그때가 지금

반년이나 같이 지낸
신발이
남의 것 신었을 때처럼 갑자기
낯설 때 있었다

이름 석 자가 이상하게 낯설어지면
고개를 갸웃갸웃
하늘 움직임이 가랑비에 무거워진
늦가을 오후쯤일 거다

방정식 y 값이 가다가 멈추고
무한대일 줄 알았던 포물선
고개 숙여 아래를 향한다는 걸 알게 됐을 때
종일 낯선 이와 아무 말 없이 지냈던 기억
그게 나였다는 것은
여태껏 누구에게도 말하지 않았다

그런 날이 닥치면
머리맡에 명랑 한 갑 두고 사셨던 어머니처럼

얼른 약 두 알 정도 털어 넣어야 했는데
그 약 효험은 기억나지 않았다

잘 걸쳤던 옷인데
구성없다는 생각이 들 때가 있고
그 느낌 때문에
스스로 무시당하는 자책감이 있었다
그때가 지금이다.

삐딱한 것에 대하여

동그란 모양
처음에는 온전했다
시간이 지나면서부터 삐딱해지는데
사춘기 무렵은 말릴 재간이 없었다
찢어진 눈
짝다리
올라가고 내려간 입꼬리
보이는 것만 그렇고
꽁꽁 싸맨 것 중에
삐딱해진 마음은 알 수가 없었다

옛날에도 적잖이 있어서
아버지가 고민한 흔적은 있었지만
처방전은 남아 있지 않았다
새해 첫날
삐딱한 떡국을 먹이면 적어도 한 해는
괜찮아지겠거니
성한 떡가래를 일부러 삐딱하게 썰어서
그 삐딱해진 모양으로

나이 한 살 더 먹이면
정월 댓바람에 홑바지만 입혀 내보내도
살아남아 제정신으로 돌아오던 기억
안 해본 것 없는 아버지의 민간요법
눈에는 눈 이에는 이가 통했을까
떡국조차 삐딱했던 사랑의 안간힘
알았을까
잘 커서 아버지가 된.

그림자

내가 묻고
그가 대답하고 줄곧 그랬다

한창 더울 때
내게 들어와 숨겠다는 생각을
어떻게 했을까

남의 집 담을
번개같이 올라가 넘는 재주가 있고
차마 볼 수가 없어서
피하면
민망한 듯 슬그머니 내게
다가와 있었다

내내 따라다녔으니
발에 여러 번 밟혔을 텐데
집에 왔는데 어느새 가 버렸다
피곤하다고
한마디쯤 할 줄 알았는데.

밤 기차를 탔다

어수룩한
마을의 불빛 몇쯤
순식간에 집어삼키고
야멸찬 밤 기차가 창밖으로 미끄러진다
애절함은 무슨,
빛들은 이미 포로였다
웬만한 마을은
먹물 같은 밤을 끌고 와 포악스럽게 달아나는
밤 기차를 당해 낼 재간이 없었다
창밖에는
먹잇감으로 낚아 채인 마을들이
속절없이 사라져 가고
히마리없는 포로들과 갇혀 있던
어설픈 시간
어둠은 끝내 묵언의 갈등을 기억하지 못하고
마지막 역에 슬그머니 기차를 버렸다
아침을 앞에다 두고.

말년병장

쓸개가 있고 없고를 떠나서
흐느적거리는 말년병장은 말미잘이다
군인으로 인정하더라도
갑자기 줄어든 말 수가
되새김질하는 소처럼 느려졌다
주간지를 달달 외우는 달인이 되었지만
같은 쪽만 보는 강박증이 생겼고
달력에 눈이 박힐 때마다 생각하던
말뚝도 이미 때를 놓쳤다
낌새가 이상했던 말년 휴가
전화까지 안 받을 줄은 몰랐는데
크레바스처럼 갈라진 사랑도 꽤 됐다
초침이 빨라지는 느낌을 왼 가슴이 알아챘다
군기를 꺼내 버리려고 서서히
허리 굽혀 인사하는 예절과
까에서 요로 바꾸는 혀 다듬기와
내무반에 긴 해가 들 때까지
전화질로 낙을 삼지만
반 이상 불통에 분통을 터트리고 만다

성가신 듯 누구도 말 걸어주지 않는
말년병장 하루
참는 법을 뒤늦게 복기해 보지만
이제 군인이 아니라는 걸
갓 입대한 이등병도 눈치 채 버렸다
군대 생활보다 인내가 더 지루한
하루하루를 지우는 게 낙이다.

육자배기

발 뻗고 앉은 여인에게
넋이 있을 리가
땅을 치는 애절함에
곡哭조차 말라버린 사연이야
눈치로 알아챘지만
저토록 정숙貞淑이 흐트러졌을 때는
자식을 잃었거나
서방이 떠났거나
옷고름을 물었다가 풀었다가
설움이 힘에 겨워 가누지 못할 때쯤
툇마루 끄트머리 곡쟁이는
낮은 육자배기 한 토막
슬그머니 들고나와
지친 서러움을 달래준다
고나 헤,
발 디딜 때마다 남도에서는
이다지도
애달픈 육자배기가 귓전을 맴도는지
한恨이야 그곳에만 있을까만

남도잡가 애절함이
어찌 뼛속까지 스며드나.

나는 지금 행자行者다

행자는
동안거冬安居 내내 세끼 공양 준비로 바빴다
문풍지 울고
구멍 난 창호지 드나드는 바람
내 쉬는 입김이 허연 탱화 그리는 선당禪堂 안 냉골에 앉아
소리 없이 나는 동지
섣달 수행승 반쯤 감은 눈 궁금하다

세상의 번뇌 아궁이 던져 태워도
도로 기어 나오는 반복
불꽃 속 흐느적거리는 여체의 교성
귓전 맴도는 목탁을 따라
편곡 중인 염불
잘라도 끊어도
석순처럼 자라나 행자를 이기는 것들
녹지 않는 집념
행자의 동안거가 땀에 젖는다

무쇠솥 밥 익는 냄새가

입덧을 재촉할 때쯤
수행승 앉았던 자리에 온기가 밴다
솔개처럼 맴돌던
세상을 뱉어낼 머릿속 순서가 줄을 서고
이별의 준비는 오래 걸리지 않았다
바람 한 줌 지고 떠난
민들레 홀씨처럼
수분受粉의 흔적 남기지 않고
행자를 이겼던 것들
남김없이 토악질해 버렸다
불도 추운 것을 알 무렵
낡은 가사袈裟 행자 어깨를 지탱 못 했다

행자가
부도浮屠에 사리 한 움큼 남겼다.

말랑말랑한 힘

혀끝으로
무얼 할 수 있겠나 싶었다
저녁 회식의 흔적
송곳니 사이 낀 질긴 삼겹살 한 조각
지하철 내내
다리 꼬일 정도로 절절맸다

신발 속 껄쭉거리던
모래알 기억처럼
답답했다

데굴데굴 구르던 밤
어금니 충치를 뽑아
망치로 내려치고 싶던 기억도 스쳐 갔다

두 정거장 남겨두고 뽑아냈다
손이 근질거렸지만
사용할 수 있는 처지가 아니었다
야호

말랑말랑함의 승리
그 기쁨 아무도 모른다.

시간의 적멸

월급은 하루 만에 사라졌다
페달을 돌려
새로운 곳에 선 자전거 앞의 바람같이
신선을 기대했지만
매번 아쉬웠다
기다릴 것도 없이
월급날 통장에는
야멸찬 도둑놈 발자국이 찍히고
그 허전함 때문에 서둘러
짜장면이라도 입가에 묻히는데
아이들은 물정 모르고 커버렸다
한 달을 기다린 시간도
그깟 바람을 이기지 못하고
멀어지며 깜박거릴 뿐인데
그나마 내 월급은 아이들까지 함께
똥이라도 남겼으니 다행인가
슬픔인가
시간은 언제까지 이렇게

더러운 짜장면 자국만 묻히며
흘러가고 말 것인지.

살찌는 이유

늦은 밤 신 김치에
달그락달그락
살찌는데 보탠 라면 한 그릇 열량이
이 할쯤 된다면
핥아먹은 라면 국물은 삼 할 오 푼
낮에 먹은 품질 문제 욕 값이 사 할 오 푼
욕을 한 값은 오 푼 남짓
다람쥐 쳇바퀴 도는 일상 중에
달달 볶은 시를 간식으로 먹는 게
삼 할 오 푼은 될 성싶은데
자다 일어나 지나가는 글귀 하나 세워놓고
만져 보고 쓰다듬어 보고
썼다가 지웠다가
긴 밤을 순식간에 잡아먹었으니
그것도 일 할 오 푼은 넘을 테고
계산은 안 하는 게 나을 성싶었다
그러고 보니 밤에 시만 줄여도
몸무게를
확 줄일 수 있겠다는 확신

시
그만 먹어야 되겠다
오늘부터 시작해야지.

욕辱

끊어질 듯 말 듯
필경畢竟
위에서부터 직장直腸까지 배배 꼬였을 거다
견디기 힘들어
괄약근이
더 버티지 못하고
움켜쥐었던 힘을 놓아 버릴 때의
심정이었을 거다
와락
배설할 때의 시원함이
입에서 쏟아지고
다 나오지 못한 잔해까지 긁어모으는
절치부심
입에서는 패잔병들이 꾸물거리고
노을이 앉을 때쯤에야
슬그머니 제집 들어가는 개처럼
끈질겼을 거다.

뒤적거리지 마라

하늘
뒤적거리지 마라
발치에 고약도 사나흘인데
먹구름 모여들면
회오리바람 감당되겠느냐

가슴
뒤적거리지 마라
첫사랑을 꺼내고
그립던 아픔 들여다보면
아내의 가위눌림 견딜 수 있겠느냐

이맘때쯤 선거에 나선 후보자들 마음
뒤적거리고 싶고
뒤적거리고 싶고
그런 마음 늦가을에 오죽하겠느냐

자장면 뒤적거려라
용광로 뒤적거려라.

완행열차는 오지 않았다

멀리서도 단박에
숨이 찬 듯 기어서 오는
완행열차 긴 여행을 알 수 있었다
텅 빈 자리가 늘 서러운 것도
마지막이라는 걸 알았지만
가면 오지 않을
늙은 완행열차를 누가 알았으랴
역장은 팔다 남은 열차표를 두고
끝내 돌아오지 않았다
얼마간은 기다렸을 테고
버렸을 슬픔을 안다
간이역에는 바람이 불어도
흔들거리는 창문을 닫아 줄 사람이 없는데
먼지가 골동품처럼 들어앉아
누런 사진 속 추억이 되었다
낡은 역사驛舍 만큼 나이 든 복사꽃이
해 뜨는 곳을 바라보며 서 있다
아, 속절없이 서 있다.

제2부

그를 인정하라

순종의 시험

할례
듣기 거북한 용어들에 대하여
귀를 열던 날
아슬아슬
목사님도 쉽지는 않았을 텐데
설교가 저렇게 뜨거울까
마음의 할례를 행하라
아,

어색한 머리가 일어섰다
호수를 흔들고
호수가 흔들리고
파도가 일고
물이 넘친다
사순절 중간시험을 눈물로 썼다
돌칼 할례에 피가 고였다
가슴에.

토렴[退染*]

무뚝뚝하기가 나무토막
사춘기 아이처럼
까칠까칠한 소리만 쏟아내는 입술
시큰둥하고
못마땅하고
견디기 어렵고
서럽고

한 번쯤 그냥 지나쳐도 좋으련만
나는 고난의 징검다리

따지듯이, 왜 나만 자꾸 그러는 거냐고
새벽마다 눈물
아무 기척도 없는 줄 알았는데
한 번도 내게서 눈을 뗀 적 없었다는
토닥거림
묵직했던 어깨 눌림

찔찔거리는 부끄러움이 아니라

식을까 봐
덥혀주시고
덮어주시고,
이제 알 것 같은
셀 수 없었던 하나님의 손.

* 밥이나 국수를 따뜻한 국물에 부었다 따랐다 하며 데우는 일

저자와의 만남

아무 때나
누구나 불러도 불쑥 나오는
그분을
쉬운 저자로 생각하던 때 있었다

눈으로
입으로
귀와 마음으로 읽어서 느끼고
제대로 알고 만났어야 했는데
설렁설렁
저자를 만나는 게 급했다
열렬한 독자라고 우겼고
거친 나를 경청하는 것은 그분의 특기였다

처음에는
만남 자체가 자랑거리였을 것
뜨끔한 내게
비유까지 들며 설명할 때
그렇게 유명한 저자인 줄은 몰랐다

베스트셀러 저자와의 만남
어떻게 알았을까
내 안 조목조목 들여다보는 혜안
슬그머니 아메리카노를 내게 밀어 놓으면
가차 없이 하루 두 잔씩 더 마셔야 했다
그래도 어찌할 수 없는 일
저자가 좋으므로.

그분

데칼코마니 하려고
그분이 내 곁에
물색없이 서 계셨다

청개구리처럼
다리를 쑥
팔뚝을 삐쭉
지칠 때가 됐는데
지금까지 안 가고 있는 저분
예수

비슷해졌다
속內 빼고.

눈물의 의미

몸무게가 왜 많이 나가나 했더니
틀면 나오는
급속 가열 보일러가 내 안에 있었어
성능 좋은
뜨거운 물이 콸콸

왜 몸무게가 줄었나 했더니
그 많던
뜨거운 눈물이 모두
말라 버렸던 거야

부끄러운 줄도 모르고
별소리를 다 하네

이 노~움.
보일러 한 대 더 노으랴?

그를 인정하라

거룩, 거룩하다 했는데
하나님은 나에게
어떤 분이냐는 거지

알라딘의 요술램프 지니쯤으로
혹은 용한 점쟁이 중 하나이거나
도깨비방망이를 든 동화 속 인물로
여기고 있지는 않았는지
전능하신 분이라고
1등이라고 내 입으로 말해 놓고
실제는 3등 취급,
돈 자식 그다음으로 말이야

거룩하지 않은 거야
아까운 새벽을 왜 깨우는지 모르겠어
성경을 몇 번씩 읽으면 뭘 해
완악이 국가대표인 걸

그러거나 말거나

'많이 변했구나' 내 안 속없는 그분을
언제 1등의 자리에 앉게 하실 거냐는 거지
웃기만 하시는 저분을.

초승달 1

온종일
사람들에게 시달리던
하나님이
저녁때 배고픈 양손으로
한 입 덥석
베어 먹다가 남긴
밥
입 댄 자리가 하도 가지런하여
하나님은
이빨이 다 빠진
할아버지인가보다 했다

어렸을 때
뒷자리에 앉은 막내가
'그치 엄마'
엄마 품에서 조잘거리던 얘기다.

입 냄새에 대한 고백

어젯밤
나쁜 늑대에게
양 한 마리가 또 잡아 먹혔다
스타벅스에서 봤다

양은 내 안에서
이다지도 힘을 못 쓰는 것인지
허탈해지고
왼 가슴은 또 쓰려오는데
입에서는 숨 쉴 때마다
죽은 양의 노린내가 쏟아졌다.

살아남기

상고대에 툰드라가 파고든 추위에도
살 놈은 살았다
너른 새벽하늘이
다 제 세상인 줄 알았을 테지만
언 바람이
가느다란 전깃줄에 베어져 운다
전봇대와 전봇대 사이 떨어져 죽은
바람이 장례식을 기다린다
익은 깡통에서는 장작불이 바람을 녹이고
두꺼운 시장 사람들
숨 몰아쉬는 바람을 보는 아침
느린 여명이 하늘에 별을 숨기지만
도로 그 자리
반짝이는 밤을 기다린다
떠나지 못한 별 때문에
가슴은 겨울밤 더 저미어 가고
내 방귀에 놀라
주섬주섬 주워 입는 겨울 새벽

아내의 새벽기도 따라다니다가
살아남았다.

목이 마르다

울지 말고
안타까운 척하지 마라
진심이 아닌 것 알고 있다
부활이 기쁘다면서도
네 눈물은 도무지 짜지 않았다

달걀을 줬더니
하나 더 달라고 하는 것은 알겠는데
소금 없다고 투덜거리다 가면
걸음 가볍겠니

달그락거리는 가슴
금식을 훈장처럼 달고 다닐 거라면
이제부터 '목이 마르다'
이 말 입 밖에 내지도 마라
나 아닌 누구를 위한 금식인지 궁금하다
새벽에 졸다가 가는 것 다 안다

그분의 뜻 알았지만

십자가에 달릴 거라는 짐작은 못 했다
견딜 만큼 견뎠지만 참을 수 없어서
'엘리엘리 라마 사박다니' 했는데
들리더냐

올해도 내 피
내 몸을 삼켰다면 찔찔거리지 않아도 좋으니
기념하거라
그것으로 족하다
달걀에
소금을 찍어 먹어도 괜찮다
괜찮다.

효자손

아
음
가장 짧은 감탄사

치켜세운 마누라 손톱은
공치사도 이만저만이 아니지만
상처 날까 두려웠어

내 손은 짧았고
꺾고 늘리고 팔을 비틀 때마다
일그러지던 얼굴
말처럼 드러누워서 비벼대자니
우스꽝스럽고
별스럽다고 여길 테지만
그 답답함 당해 보면 알아

설렁설렁
대충하는 법 없이
용케 내 맘 알고 긁어 주던 효자손

세상에 그만한 게 없었지

답답할 때
오셔서 살며시 내밀어 주시던 손
아
음
생각해 보니 늘 때맞춰 오셨어
그걸 잊고 있었다니
긴 강 발원지 같은 그 시원함을.

부활

믿느냐
그럼 죽겠느냐
그렇다면 죽어라
그렇다면 죽여라
죽어야
부활, 할 수 있다
네 안
옛사람을 죽여라
옛사람은 죽어라
믿음의 산 증거
실천이다.

믿음의 무게

근수斤數가 내 나이만큼
무거워지는 믿음이라면
네 끼라도
밥에 물 말아먹듯 할 텐데
사순절 봄바람에
믿음이 발버둥 치다가
지려놓은 똥만 몇 무덤
흔적이 없다
아, 이 가벼움
아직도 무릎이 성하면서
믿음을 재고 있었다니
알아듣는 사람들은 무릎이 성하다는 게
무슨 뜻인지 안다.

대화 1

믿음이 말랑말랑하던 시절
껍질 벗은 게처럼
부활절 달걀에 왜
소금을 주지 않느냐고 따진 적 있는데
아무도 대답하지 않는
더 궁금하던 시간이 지나가고
주님과 샅바를 잡고 씨름 중인 요즘
넘어트리기 일쑤
늘 이기는 게임에 재미가 붙었는데
무턱대고 덤비는 저분
미련한 저분
어쩌다가 금방 넘어지기는 해도
대부분 시간을 끌다가 넘어지는데
덤비고
또 덤비고
세상에 깊은 발 빠트리지 않으려는
그런 까닭이 있었던 것
사울이 바울이 된 이치 깨달았다면
어림도 없는 내 실력을 알았더라면

씨름은커녕
고개조차 들 수 없었을 텐데
마주 앉아 나불거려도 들어주시고
웃어 주시는 그런 기억
중간쯤 지나가는 사순절을 잊고 있었다
대화를 잊고 있었다.

그냥

이유는 무슨,
그냥 좋아

늘 넉넉해
생각이 맞지 않을 때도 있을 텐데
뭘 해도
바로 따지는 법이 없으니 신기해
가끔
정말 가끔
쓸개 빠진 사람 같다는 생각은 해

긍정적이어서 참 편해
한두 해도 아니고 지금까지
첫인상이 변하지 않는다는 게
특이해

그냥이 어디 있냐는 소리를 듣곤 하지
대부분 그랬어
그냥 좋아

그게 너야
네가 믿는 그분도 너처럼
쓸개 빠진 사람일 거야
남을 위해 십자가에 달렸으니 말이야.

치료 방법

밤새 배가 꾸룩거렸다
저녁 음식이 상한 탓이다

보고 듣고
솔깃한 세상에 빠졌는데
왜 배처럼 꾸룩거리지 않는 걸까

잠을 접고 일어나 똥을 싸면
낫는 배탈처럼

달음박질
성화聖化와 다른 저쪽 세상으로 질주했을 때
아무 죄책감을 못 느끼는
변질된 심장을 어떻게 하면 좋을까

아무리 시간이 지나도
쥐어짜듯
힘줘서 될 일이 아니라는 걸
몰랐을까

변질을 변화로 바꾸는 현대의학 한 가지
엎드림.

싸움

오히려
죽기 살기로 달려들었을 때
이길 확률이 높은 남이 나았다

나를 이기겠다는 시도는
늘 참담하여
멀쩡한 것 같은데
내상內傷은 곳곳에 깊었다
몸무게의 90% 이상이 상처

얼굴에는
고집불통이라고 쓰여 있고
간혹 웃음은 체면 때문
위선이다
회복이 시급할 텐데
그 무거운 입을 연다는 것
재간이 없는데 기도는 멀었다

한 번쯤

이겨보고 싶은 안간힘
두 손을 모으고 웅얼웅얼
몇 마디 안 했는데 힘이 빠지고
코끝이 빨갛게 되었다면 이긴 것인데
기적, 내가 나를 이겼다는 신호다
이렇게 간단한 것을.

바디메오*

창피가 다 뭔가
눈을 뜰 수 있다는데,

구걸하던 그가
아무에게나 손 내밀던 그가
그 앞에 엎드려
'불쌍히 여기소서' 하였다
'잠잠하라'
사람들 꾸짖음에도 요지부동
소경 바디메오의 간절함
그날 외침을 주가 들으셨다

행복은 포기하지 않는 것
간절하여
거지도 이룬 꿈

오늘 내 간절함을 저울에 달았다
깜짝 놀랐다

다시 엎드리지 않으면 안 될 만큼
눈금은 올라가지 않았다.

* 신약성경 마가복음 10:46 예수님을 만나 눈을 뜬 맹인 거지

도깨비바늘

외로운 것이다
사람이 그리운 것이다
나이 들면 더 서러운 것이다
부들부들 떠는 걱정거리가 있는 것이다

서성거리기만 했을 텐데
언덕배기 서서
육신을 지탱하지 못하다가 주저앉고 말았을 텐데
도깨비바늘 너도
바람에 벗겨진 세월을 어쩌지는 못하는구나

그립다 표현하는 것
외롭다 말하는 것
끝까지 쫓아와
드러누워도 가지 않고 기어코 너를 드러낸 것
나를 가르치기 위함이었구나

몰래
옷자락을 잡은 혈루증 앓던 여인같이

지금 두려워 떨며 엎드렸느냐
아니다
내가 배웠느니라
크게 깨달았느니라.

제3부

목성은 왜 먼가

갱년기 아내

서둘러 사과를 했다
미안해
그의 눈에는 성난 파도가 들어 있었고
뒤틀려 있음이 역력했다

무슨 수틀린 짓을 했는지
기억은 없다
먼 갯바위에 앉아
햇빛이나 잘게 쪼개는 바다가 지루하여
물수제비를 날리기는 했다
그전까지 그의 눈은 부드러웠다

무슨 변덕
이럴 때는 건드리면 터지는
잘 익은 봉숭아 씨 같다
물난리 때 떠내려가는 강물처럼
그 눈에 급한 부아가
왜 들어있는지 물어볼 때가 아니다 싶어
눈치만 봤다

결국 별일 아닐 테지만
눈에서 힘이 빠질 때까지 기다려야 한다
이제는 그럴 때, 본능이다
보채봐야 소용없다는 걸 알고
오늘도 슬그머니
돌아누웠다.

장수 비결

우짜꼬 우짜면 좋노
저저저,
하는 짓 보소
꼴사납다 아이가
엄마야,

어머니 대화방식은
독백
말 붙일 이 없는 긴 하루
이리저리 돌리던 케이블 TV 화면에
분홍색 화면이 걸린 날은
혼자 계셔도 부끄러웠다

큰애야
TV 큰 것 영 못 쓰것다 아이가
작은 거로 바꾸래이

홀어머니 오래 사신 까닭이
혼자 숨 가쁘게 나눈 대화 때문이라면

혈액순환이 잘 된 것이다

별수 없지
어머니 아들인 나도 장수가 확실하다.

떡국

나이 한 살 더 먹이려는 마누라를
이길 수 없었네
깨지락깨지락
느린 숟가락질의 반항
요즘 모든 게 빠른 두 아들의 지루한 손과 눈
남은 시간 눈은 식탁 위에서 어쩔 줄 몰라 했네
장다리 같은 놈들의 혀 차는 소리
나는 속으로 들었네
어제와 비교하면
특별할 것 없는 아침이었지만
정월 초하루 TV는 서둘러 드러누운 길만 보여 주었네
아버지의 방식대로
비스듬히 누운 떡살을 썰어 놓고
며칠을 기다린 떡국은 결국 반갑지 않았네
맛없는 나이 한 살
물결치는 아내 얼굴만 보았네
흐릿한 줄 하나 긋고 간 범인
떡국인 줄 알았지만

눈만 껌벅껌벅
긴 시간 뜨거운 입김을 떡국 위에 얹어만 주었네.

이 여자

굳이 말하자면
마누라보다도 가까워서
코앞 늘 붙어 지내지만
나와 달리 이 여자
더 가까워지려는 기색을 전혀 보이지 않는다
자기 말만 할 뿐
꺾여 본 적도 없는 고집
목소리 하나는 하라는 대로
높이기도 하고 속삭이기도 하지만
내 말은 한 번도 들어주지 않은 벽창호
언제나 낭랑하여
골목골목 모르는 곳 없이 일러주는
좁은 내비게이션 속 이 여자
참 궁금한 이 여자.

진주의 꿈

아문 상처에 들어앉은 아픔이
진주였던 것을
무거운 고통을 껴안고
평생 힘겹게 살았는데
진주의 꿈이
어미의 죽음이었다는 것을
조개는 왜 몰랐을까.

거간꾼

가령 낮술 깬 아버지가
멋쩍게 여기저기 서성거린다면
외상 술값 대신 갚은 어머니가
죄 없는 누렁이를 잡는 날
부지깽이 위력에 온 동네 엄살이 진동해도
끝내 아버지는 그 미안함
누구를 향한 것인지 말씀 않으셨다
바람이 달라붙지 않은 얌전한 하늘에
아버지 헛기침이 흘레붙고
필터도 없는 독한 담배 연기가
어머니를 뱉어내면
긴 무언의 독백 서로 빙빙 돌았다
누렁이가 식구들 말 붙이느라
꼬랑지를 수없이 돌리고 난 후에 겨우
차가운 방이 풀리는데
살아 있다면 그 녀석도 지천명
팔랑거리는 기억 한 장
누렁이 꼬리.

대화 2

찻잔은 뜨거웠다
첫 순간은
콩고강에 숨은 악어처럼 조심조심
며칠 만에 하늘을 뚫고 들어와 앉은 탁자 위
눅눅한 겨울 햇살 쪽으로
커피도 앉았다
얘기가 하나둘 매듭을 풀면
순서대로, 커피잔을 들어가고 나오고
뜨겁던 에스프레소가
입술에게 용서받을 때쯤
이미 자리를 잡은 사연들은
다시 어슴푸레한 향기가 되어 주었다
확장한 13층 유리창 밖으로
시간보다 느린 햇살의 참견이 집요했지만
이야기의 끄트머리까지 내게 다 들어오고
오후가 햇살을 내려놓을 때까지
찻잔의 손잡이는 식지 않았다
아내는 찻잔을 쥐고 있었다.

아내의 핸드폰

무엇이 궁금하더냐
알려고 마라
들여다보고 싶은 생각일랑 버려라
애도 아니고
비밀번호에 그리 안달이냐
저 급할 때 말고는 입 여는 일 없었으니
황소다
여우다
행여 들었거든 놓아라
연자방아만큼 무거우니 발 찧는다
바위에 내던지고 싶을 때 있을 테지만
그런들 묵비권을 풀겠느냐
다 주었고
모두 받았다는 생각이 드는 나이지만
어림없는 소리
그것 하나는 욕심에서 지워라
어른어른 보여주지 않다가도
점심에 걷히는 안개처럼
지금까지 아무 일 없지 않았더냐

살 닿고 살아도 아내의 핸드폰은 남이니
정 주지 마라.

우리 집 남자 셋

팔을 괴고 옆으로 누워 졸다가
안자는 척
발가락을 꼼지락거렸던가 보다
아내가 배시시 웃는 이유다

TV 혼자 놔둔 채
소파에 누워
새벽까지 혼자 잤다
오늘 벌금 천 원을 또 물었다
화장실 변기 뚜껑에 튄 오줌 자국
누구 것인지
사내 셋 세워놓고 심문하는 아내
나도 거기 끼었다

자기가 먹은 밥그릇은 설거지통에
갖다 놓는 것은 자동
누가 물에 담그지 않고 그냥 간 모양이다
단체로 잔소리를 들었다
그날은 셋 중 누군가

뒤집어 벗어놓은 양말이 발각되었고
섞어서 혼나는 것이 분명하다

몸무게도 키도
학벌도 목소리도 제일 못났는데
우리 집 장정 셋이 그에게 꼼짝 못 한다
그렇게 무서운데
'엄마 사랑해'
'당신이 최고야' 소리에는
말을 더듬고
얼굴 불그스름해지는 여자
엄마다, 아내다.

아내가 무시당했다

벌이
아내 주위를 맴돌다가
이내 가 버렸다
'어머머'
젊은 시절 같았으면
애들 때문이라도 난리가 났을 텐데
태연했다
그놈 어디 갔나 했더니
기껏 고개 숙인 제비꽃 파고들어
바람을 피우고 있었는데
힘은 좋을 듯했다
싸구려 화장품이 얼굴에 흘러내리고
주방 냄새를 가져온 듯
갖은 냄새가 숨어 있는 걸
아무래도
알아차린 것 같다
그런 아내가 나이를 꺼내 센다는 것은
덜컹
충격을 받았다는 증거다

싹수없는 벌 한 마리가
가만히 있는 사람 부아를 돋웠다
멈칫거리다가는 화살이 날아올 것 같아서
슬쩍
씩씩거려주었다.

목성木星은 왜 먼가

가르쳐 놓은 것들은
면사무소 호적등본에 쓱쓱
자기 이름에 가위표를 쳐 놓고 떠났다
다섯 형제 다 빠져나간 호적등본에는
겨울 까치밥 같은 장남만 남았는데
괜찮다고
못 배웠어도 걱정 말라고
군말이 없다
형제들 뒤치다꺼리는 업
가벼워진 호적등본을 느린 사투리가 지킨다
아버지보다 더 늙은 장남이
쇳소리 나는 기침을 뱉어내는
거기는 목성

배워서 성한 것들은
물어봐도 아파트 비밀번호가 비밀인데
아무 때나
벌컥 문을 열고 들어와도 고마운 장남은
속없이 웃고

비늘처럼 벗겨지는 기다림이 허무하다

두 시간이면 되는데
목성은 왜 이렇게 멀까?

황소개구리를 키우다

“성가시러 죽겠어”
어느새 그런 신세가 됐다
옆구리를 찌르려다가
마주 누우면 부라린 눈 만날까 봐
겁부터 집어먹는 나이
동안거 참선하듯 긴 침묵
오만 가지 생각 지나간 머릿속에
모처럼 말을 거는 젊은 여자를 만났는데
치근덕거리는 아랫목
젖은 성냥개비 비실거리다가 꺼지듯 해도
‘마르면 낫겠지’
평생 속으며 산 종갓집 며느리 옆에서
‘무슨 않던 수작이랴,’
핀잔이 두려운 것 아니었지만
황소개구리 쫓아내지 않으면
감당하지 못할 몸무게
점점 배가 불룩해져 오는.

할아버지 친구

곰팡이 핀 것 말고
바싹 마른 것 똥구멍 대꼬챙이 꽂혀
주름진 할아버지 등을 긁던 것
손주 이빨 자국 난 놈도
어이 시원하다 낮은 목소리
솜 저고리 두꺼워
손이 닿지 않아 답답하던 겨울밤
할아버지의 절실한 친구였다
버르장머리 없이
길게 난 수염에 염치는 있어서
일곱 겹 껍질 속에 제 몸을 감췄다
한 살배기 옥수수 주제에
조숙하여 수염부터 났지만
겨우내 할아버지 옆에서
사서삼경 함께 읽던
지란지교芝蘭之交였을 거다.

맞선

어색함에 갇혔던 긴 시간
서로
아니 내가 더 어눌했던 시간
생경한 말을
식은 커피 향이 이었지만
그때 무슨 말 했는지
더듬거리던 얘기 따라다니며 지우던
하얀 지우개
맞선
뚝뚝 끊어지던 침묵
목울대에 긴장이 오르내리고
버린 지우개 밥도 긁어모으던 안간힘
그때 바늘귀에 구겨 넣던 자존심
들락날락 마른 커피로 입술 적시며 키운
산삼보다 용한 약효
평생 한 번
내 그 자리.

아버지를 닮았다

아버지가 내 안에 있다

친절하고
자상하고
남에게는 참 잘하는데
여태까지
책망하는 소리 말고는 내게
인색하셨다

내 안에 있어도
내게 일절 입을 열어 주지 않았다
한두 해 서운한 게 아니다

내 안에 있는 말*
아버지 닮은 게 맞다.

* 言 혹은 소리

본능

돌을 씹었다
다행이다

반은 졸고
반은 있는 정신을 들고
뛰어나가는 아이
고3 아이다

한 숟가락이라도 뜰까 싶어
참기름에 비벼놨지만
여지없다
아내는 식은 밥을 내게 떠밀었다
'우지직'
돌을 씹었다
아내가 천연덕스럽게 입을 열었다
'이빨 괜찮아?'

그 밥을
내가 먹은 것에 대한 안도

첫 마디는
안심
'여보 괜찮아'
'내일도 남은 밥 또 줘.'

첫사랑 23
_모두 너의 것

너에게
방귀 한 번 놔 보지 못한
나는 네게서
얼마나 먼가

뱉어낸 숨을 뒤적거려
네 깊은 곳 들여다보는
나는 네게서
얼마나 위선 덩어리인가

날아갈 것 같다는 말로
입술을 나불거리면서도
매일 힘을 쌓는 두 팔
그 꿈, 얼마나 모순덩어리인가

오늘도 너의 입술에서
시 한 줄 빌려 왔다
아무 말 안 해도 읊조림이 들린다

여기 모인 소리 모두
너의 것이다.

전염병의 숙주宿主

TV 앞에 앉아
줏대 없이 울다가 웃다가
숙주에게 당했다
무슨 상관으로 찔찔거렸는지
TV보다 아내가 더 슬프고
나는 슬그머니 뒤로 물러나 눈을 찍었다
슬픔을 전염시키고
분노를 쉽게 옮기지만
가끔 웃게 해 준다는 이유로
나 몰라라 하는 경찰이
전염병을 옮기는 시간이 되자
무전기 들고 자리를 뜬다
늦은 밤 욕을 해 대는 아버지 방에
무슨 전염병이 돌았는지 이젠 궁금하지도 않다
천 리 밖 역병까지 전염시키는 TV가
벽에 매달린 후로 홀쭉해졌다.

제4부

사소한 관찰

섬에서

바다는
내 두 눈 수정체를 가로질러
가느다란 수평선을 그어 놓았다
발밑 철썩거리는 파도는
갓 난 바다의 새끼
구멍 난 바위는 놀이터
어쩌다 갈매기 똥을 못 피해
소리를 질러도 대꾸는 없다
듣던 대로 산만하다
어부도 바다의 새끼는 가소로워 멀리
바다의 어른을 만나러 나간다
바람이 쉴 때 어린 바다가 오수에 들면
잔잔한 틈을 타
잉크가 마른 만년필을 꺼내는 사람은
시인이다
섬에서 시 한 편 못 쓰면 천치다.

초승달 2

초경初經 한 방울
불그레
첫 번짐이 부끄러운 아이처럼
어두워질 때를 기다려 빼꼼히
수줍음 내밀었다가
금방 숨어 버리는 소심함
못 본 줄 알았을 테지만
얇은 달빛에 찍히고
희미한 빛, 들창 드나들던 그 날
조숙아 내려다 보는 것 같은 안타까움
내일은 나아지겠지
모레는 수줍음 가시겠지
볼살 조금씩 차오르면
부끄러움도 잊히고
청보리밭 누운 자리까지 찾아 가
간섭하는 엉큼함도 생기는
그런 나이 곧 될 테지

내가 사는 반대편에서 누군가

잘 먹이는 게 분명하다
저렇게 뚱뚱해지는 걸 보니.

간이역

비얌 꼬리같이 느린
마지막 마디를 감추어도
간이역은 물끄러미 서 있다
흔드는 손 없는 열차는 얼마나 섭섭한가
TV 안에 똬리를 튼 역무원이
어기적거리고 나왔다가 들어가면
혼자 웃던 멋쩍은 연속극이
숙직실에 우두커니 앉아 있다
노을이 민망한 해를 감출 때
좁은 역사의 벽시계는 더 빨리 달음질하고
먼 곳으로부터
어두운 형광등을 단 열차가 달려와
삐걱거리는 소리를 내려놓는다
마지막 하품을 마친 역무원이
쌀쌀한 풍경화를 지우기 시작하자
딸깍딸깍
간이역은 잠이 든다.

소나기

어디서 왔는지 모르지만
저야 지나가다가
뜬금없이
다리 뻗고 울다가 가면 그만이라지만
눈물은 전염이 되고
울음 하염없어지면
남은 사람들 설움은 어떻게 하라고
찡그린 여름 덩그러니 데려다 놓고
훌쩍 가버리면
뒷감당 어떻게 하라고.

자격지심

목련아
우아하다고 우쭐대지마
얼마나 산다고 그래
벚꽃아
사랑받는다고 자랑 하지마
기껏 이레 남짓이야
화려한 장미야
봄부터 초가을까지 끈질긴 건 알아
그래도 착각하지는 마
넌 겨우 오월 장미야

너희와 비교하면 나는
내세울 것 없이 민망한 것뿐이지만
화장실 창문턱에서 희끗희끗
어느새 생일이 세 번이나 지났어
비바람은 맞아 본 적 없고
지나가다가,
허리 부러질 일 없으니 그게 자랑
다만

다들 꽃으로 봐주지 않는 아쉬움은 있어
그 자괴감에 담이 든 것 같아
그래도 내가 어른이야
눈 깔아
조화라고 눈 치켜 뜨지마
다시는,

겨울 아침

개 밥그릇에
겨울이 수북이 쌓였다

문을 여니
개 밥그릇에 들어가지 못한 겨울이
몰려들었다

그믐밤은
밤새 사륵거리며
첫발자국을 얼마나 기다렸을까

언 까치밥
아침 거르는 까치의 주둥이도
무거웁기는 마찬가지
쪼르륵
허기진 겨울 아침.

노을

잘 참더니
벌건 낮 놔두고 하필 저물녘에
그냥 안 가고 저럴 때는
필경 어디서 못 볼 꼴을 봤을 것

해 떨어지기 무섭게
벌겋게 열을 내면
사나운 꿈자리가 똬리를 틀게 뻔한데

아무 일 없던 하루가 아니었던 것
견디다가 터진 한계
오늘도 하찮은 일이었으면 좋을 텐데

겨우내 뜸했었다
서쪽 능선을 타고 슬금슬금 오는 건 알았는데
제 버릇 도졌다
구시렁거리더니 어두워지자 갔다
겁은 많다.

별에 대하여

별이 초원에 갇히고
양을 깨우다가 지치면
긴 하품을 한다
바람이 차가울 텐데
날마다 지치지 않는 이야깃거리
무슨 얘기가 그렇게 많은지

우리에는 양을 가두고
밤새 초원에 갇힌 별
저 많은 것 중에 똥 마려운 놈은 왜 없으랴

넉살 좋아
목동의 꿈에 들어갔다가
해 뜨기 전 늦게 나오는 놈은
온종일 호랑이가 업어 가도 모르게
코를 곤다

아무도 올려다보는 이 없는 도시에서
형광등에 밀린 별은

이제 외로운 집시
목동뿐이지만
누워서 별을 세어 주는 초원을
별이 투덜거리지 않는 이유다.

별을 탐구하다

해 질 무렵 누군가
별의 불을 켜기 위해 뛰어다녔다
헐떡거리는 소리와
깜박거리는 별
초저녁은 장날처럼 어수선했다
자동으로 켜지고 꺼지는 요즘과 달리
예전에는 그랬다
도시에서는
가로등이 그 일을 스스로 하고
소행성 B612*에서는
어린 왕자의 몫이 되었다

별도
해가 뜨기 전에는
누가 먼저랄 것도 없이 스스로
불을 끄는데
일사불란하게 꺼진다는 것은
상상도 못 했던 일이다
하나하나 불어서

별의 불을 끄던 시절에는
날마다 입술이 부르트곤 했다
문득 어린 시절을 돌아보다가
피식 지나가는 웃음을 만났다.

* 생텍쥐페리 '어린 왕자'에 나오는 별 이름

승전고勝戰鼓

제철
살찐 고드름 누가 탓하겠어
먹기만 하다가
봄이 오는 소리를 못 들었던 거야
와르르
서슬 퍼렇던 겨울이
남은 달력을 쭈욱 찢는 걸 본 순간
낙숫물 되는 것조차 견디기 어려웠던 거지
매달려 살을 뺀다는 것은
어린아이 든 막대기가 두렵던 날보다 더
지루하고 긴 하루
겨울이 도망쳤다는 라디오 뉴스는
무말랭이처럼 자존심을 비틀어 버렸어
산산이 부서지기 시작한 거지
겨울이 마냥
곁에 있을 줄만 알았을 텐데
식은땀 줄줄, 고드름

기찻길 끄트머리 아른거리는

천연덕스럽게 늘어진 봄 하품
저 기고만장을 또 어떻게 보나.

별

사람들 날 때마다
지금까지
별 하나씩 심었으니 얼마나 많은가
빽빽한 하늘을 비켜서
또 누군가 자리를 고르고 있다
심을 자리는 점점 멀어지고
죽은 사람들 별까지 더러 남아
떠도는 걸 알지만
아무도 치우지는 않았다
오늘도 먼 곳
새로 별이 반짝이고
심은 지 오래되었거나 상처 입은 별이
낮에 오래 머무르는 것
죽을 때까지 자존심은 있는 것이다.

움 틔우려고

게으른 개가 길게
제 몸을 늘려 하품을 하고도
어슬렁어슬렁
졸음을 못 참는 오후
'봄엔 다들 크느라고 그런 겨'
등 굽은 할머니인들 별다를까
낯선 거리에는
아무나 잡고 아는 체하는 사람들이 요즘
맘에 없는 봄 바쁘게 나눠 주던데
틔울 움마다 얼마나 근질거릴까
근질거리는 움마다
봄의 애절함에 동조는 하지만
조급한 숨에 걱정이 가득
봄이 후딱 지나가고
속절없는 더위가 찾아들면
잃어버린 욕망이 더 많을 텐데 괜찮을까
움 틔우지 말고 그냥
잡아 두고 싶은 봄이 내내 보챘다.

긍肯

미루나무 중간쯤
늘어진 검정비닐 발버둥
서툰 한기 털어내는 일 몰두하던 내내
퍼덕거리던 소리가 지치면
겨우 우수雨水가 달력을 빠져나간 이른 봄
대수롭지 않다는 듯
이장이 그러려니 하고
나이 든 개도 거들떠보지 않고 간다
큰물이 나면 저놈 가고 다른 놈 또 올 테고
저 발광도
지나가는 봄의 한 부분이라는 것
모두 그러려니,
고추밭 떠나온 검정비닐 풍장風葬이
이 봄 무슨 대수라고.

난蘭

쓰러질 듯
바로 못 서는 허리
다소곳이 구부린 선線 단아함은
버린 세속의 이욕利慾
정갈함 더해 드러낸 무욕의 자태
잡힐 듯 닿을 듯 흔드는 바람이
길고 짧은 촉마다 따로 있어도
바로 세워주는 정情
공명도 벗어 버리고
버린 세월 몇 겨울을 났나
묵묵부답 앉은 천 년
춤추듯 묵객 든 붓이 난을 치고
난엽에 든 묵향
걸린 벽에서 소리 내지 않는 긴 침묵
세월이 가도
난 향은 진한 묵향.

영랑호에 빠지다

119
여보세요
설악산이 영랑호에 빠졌어요
움직이지 않아요
급해요
늙었는지 혼자 못 나와요
앵앵
어디요
저기요
풍덩풍덩
해 질 때까지 돌을 던져요
저녁 먹으러 나올 거예요.

승부

물렁하니까
아주 우습게 봤을 테지
뼈대가 있는 것도 아니고

더군다나 밤에는 알 게 뭐야

가당찮은 생각
그까짓 달빛쯤이야
아무리 강이 흘러가는 뜨내기래도
그냥 놔둘 리 없지

강은 언제부턴가
달빛을 잘게 부숴서 물 위에 띄우는
습관이 생겼는데
지금까지 한 번도
달빛을 그냥 놔두는 강을 본 적이 없다
알 수 없는 자격지심이다.

창문 틈으로

찬 갯바람이
여행에 지친 먼 뱃고동을
스멀스멀 데리고 들어오고
손가락만큼 벌어진 창문 틈으로
밤샌 교성이 흐느적거리며 빠져나가면
흥분한 바다가
바위에 구멍을 낼 때까지 철썩거리는 것은
데칼코마니 흉내
창문이 더 벌어지고 적게 벌어진 차이는 있다
어쩌다가 푸른 바다를 섞은
하늘이 빨려 들어와
벽에 걸린 거울에 매달려 있고
바닷가에서는
바로 눕거나 드러눕거나
바다가 하늘 위에 있기도 하지만
뭉게구름 위에 떠 있는 하늘이
물러나는 경우는 드물다
섬에서는 종일
심심한 바다가 푸른 하늘을 데리고 들어와

한숨 자고 가더라도
창문을 닫지 않는 인정은 있다
그러려니 한다.

나, 신송리 성범이여

올여름 매미가 저렇게 발악을 헌다고
용빼는 재주 있간디
나이 들면
누구든 꼬부라지는겨
다 허사지
눈 한번 질끈 감아 보더라고
입추가 내일이랴
두고 봐
지랄 극성을 쳐도
곧 이빨 빠진 소리 헐 테니께
세월에는 장사가 없는 벱이거든.

사소한 관찰

두르고 싸고
밤으로 낮으로 덮었다가 열었다가
듬성듬성 가시까지
신줏단지 모시듯, 보물이 있는 줄 알았는데
고작 꽃술 하나 가운데 세워놓고
겹겹이 극진
장미의 마지막 사명이 순장殉葬일 줄이야
남들 비아냥
그까짓 것 때문이었냐고 말 많지만
시켜서 될 일은 아니었다
보이는 것보다 큰
감춰진 마음
남의 집 담장에 기대어 섰지만
대代 끊어지는 것에 대한 두려운 몸부림
가장 예쁜 장미의 단장에
간절함이 있었다.

미련한 달

아무튼
자기 전에는 뭐든 먹지 말라고 일렀건만
허겁지겁, 저 달
과식하는 게 분명하다
볼살이 자꾸 오른다

후회할 줄 알았다
날마다 덥석덥석
잘 녘에 겁 없이 받아먹더니
뚱뚱해졌다
다이어트한다고 부산하다
그럴 줄 알았다

미련한 달
해쓱해졌다.